Am Abendhimmel blühet ein Frühling auf;
Unzählig blühen die Rosen und ruhig scheint
Die goldene Welt; o dorthin nimmt mich
Purpurne Welt ...

# »Einmal lebt ich wie Götter ...«

## Von Ilona Caroli

Friedrich Hölderlin, einer der bedeutendsten Dichter der Deutschen Klassik (20.3. 1770 - 7.6. 1843) wird im allgemeinen Bewusstsein vor allem mit Tübingen verbunden; hier studiert er, schließt Freundschaften, hier schreibt er eine Vielzahl seiner Werke und hier liegt er begraben. Weniger bekannt aber sind Zeit und Orte, wie das Jahr 1796 und die Städte Frankfurt, Kassel und Bad Driburg, die für Hölderlins Leben entscheidend waren wie auch für sein dichterisches Werk insgesamt.

Nach dem Willen der Mutter soll Hölderlin Pfarrer werden. Auf die Lateinschule in Nürtingen folgt die Klosterschule in Maulbronn und im Oktober 1788 das Tübinger Stift. Die für Hölderlin so wichtigen Freundschaftsbünde – Neuffer und Magenau gehören ihm an – bilden sich hier. Hölderlin schreibt, beeinflusst von Schiller, die Tübinger Hymnen. Erste Gedichte werden in Stäudlins Musenalmanach für das Jahr 1792 veröffentlicht.

Der bedeutsamere Freundeskreis entsteht um 1790; Hölderlin schließt sich mit Hegel und dem fünf Jahre jüngeren Schelling zusammen, wobei vor allem der Umgang mit dem gleichaltrigen Hegel von großem, wechselseitigem Einfluss ist. Ein enger Freund wird ihm in dieser Zeit Isaac von Sinclair. Ausgelöst durch die Große Französische Revolution (1789-1799), entsteht ein revolutionär-patriotischer Club, in dem

Hegel als »derber Jakobiner« gilt; Hölderlin ist »dieser Richtung zugetan«.
Im Juni 1793 legt Hölderlin im Stift das Abschlussexamen der Promotion ab. Längst hat er beschlossen, nicht länger an »der Galeere der Theologie zu seufzen«. Durch die Vermittlung Schillers erhält Hölderlin seine erste Hofmeisterstelle in Jena, zur Unterrichtung des Sohnes von Charlotte von Kalb.

Zum Ende des Jahres 1795 nimmt Hölderlin die Stelle des Hofmeisters bei der Frankfurter Bankiersfamilie Cobus und Susette Gontard an – auf Vermittlung des Arztes und Naturforschers Johann Gottfried Ebel. Was nun geschieht, gehört zu den Mysterien, die ihn und sein Werk umgeben: Hölderlin hat 1794 das Fragment von Hyperion, an dem er bereits in Tübingen gearbeitet hat, Schiller geschickt, der es im November 1794 in der Thalia veröffentlicht. Die Kritik nimmt davon keine Notiz, ein Schweizer Bankierssohn aber, Ludwig Zeerleder, schreibt den Text ab und schickt ihn, als Ausdruck seiner Verehrung, Susette Gontard.

Als Hölderlin in das Haus des wohlhabenden Bankiers Gontard tritt, ist er für dessen Ehefrau kein Unbekannter mehr und der geeignete Erzieher für ihren Sohn. Und Hölderlin, verzaubert vom Wesen Susettes, erkennt in ihr seine Diotima (die im Fragment noch Melite heißt). Der Text hat seine Wirklichkeit gefunden. Die großen Gedichte, in denen diese Liebe widerhallt, wie Menons Klagen um Diotima, gehören zu den ergreifendsten Liebesgedichten unserer Sprache. Kaum bekannt ist dagegen, wie Hölderlins berühmtes Gedicht »Hälfte des Lebens« mit Susette und Kassel zusammenhängt.

Um seine Familie vor den herannahenden französischen Kanonen in Sicherheit zu bringen, schickt Gontard im Juli 1796 seine ganze Familie auf die Flucht, nur er bleibt in Frankfurt. Die »ganze Familie«, das heißt, Susette und ihre vier Kinder, ihre Schwiegermutter und ihre Schwägerin; dazu die Gouvernante und Vertraute Susettes, Marie Retzer – und der Hofmeister Hölderlin. Am 13. Juli machen sie in Kassel Station und bleiben bis 8. August um dann weiter nach Bad Driburg zu reisen. Auf der Rückreise Mitte September machen sie noch einmal zwei Wochen Halt in Kassel, bevor sie Ende des Monats nach Frankfurt zurückkehren.

Die Kasseler Zeit ist für Hölderlin und Susette entscheidend. »Unser liebes Cassel« so wird Susette später an Hölderlin schreiben. Vermutlich haben sie dort zueinander gefunden. Erich Hock, der die Reise nach Kassel und Bad Driburg mit größter Sorgfalt untersucht hat, schreibt: »In Susettes Gedächtnis lebte Cassel weiter als ein Ort inniger Gemeinschaft.« Hölderlin begegnet hier zum ersten Mal großer bildender Kunst, vor allem Zeugnissen der Antike. Der mit den Gontards befreundete Dichter Wilhelm Heinse gesellt sich zu ihnen. Mit ihm, der gern mit Malern und Künstlern verkehrt und ihnen im Ardinghelo ein Denkmal gesetzt hat und der zu den besten Kennern der Malerei seines Jahrhunderts in Deutschland gehört, besuchen sie die Galerien, das Fridericianum und den Bergpark in Wilhelmshöhe. In der Gemäldegalerie sind damals auch die in der napoleonischen Zeit verschleppten wertvollen Stücke zu sehen, der kostbare Schatz niederländischer Meister und bedeutende Werke der italienischen Malerei. Auch die vier großen Tageszeiten von Claude

Lorrain, die sich jetzt in der Erimitage in St. Petersburg befinden, sind ausgestellt. Am 27. Juli tragen sie sich im Besucherbuch der Galerie ein: »Mad. Gontard, Dem. Retzer / M. Hölderlin aus Frankfurt, Heinse, Professor aus Mainz.« Die antiken Skulpturen im Fridericianum, der ausruhende Apollo, nach einem Original aus der Schule des Praxiteles, Athene als Kopie der Athena Lemnia, die auf Phidias zurückgeführt wird, versetzen Hölderlin in großes Erstaunen und Entzücken. Wieder und wieder durchwandert er mit Susette den Park am Lac und lobt die »große und reizende Natur«. Am 6. August 1796 schreibt er an seinen Bruder Karl: »ich lebe seit drei Wochen und drei Tagen sehr glücklich hier in Cassel.« Und im Jahr darauf schreibt er die Ode »An die Parzen« und der erste und der letzte Vers lauten:

»Nur einen Sommer gönnt, ihr Gewaltigen! (...) Einmal
Lebt ich wie Götter, und mehr bedarfs nicht.«

Hölderlins berühmtes Gedicht »Hälfte des Lebens« wurde 1802/03 in den Nachtgesängen veröffentlicht. Dietrich Eberhard Sattler, Hölderlin Herausgeber, stellt fest: »Die wilden Rosen und gelben Birnen, das in den See hängende Land bezeichnen trigonometrisch genau die Zeit und den Ort des glücklichen Sommers 1796; die heute noch sichtbare Stelle am Kasseler Lac, an der sie ihr Ebenbild, die liebenden Schwäne sahen.« Auch die Sichtweise des Bildes (Umschlag) von Tischbein dem Älteren von 1788 (gestochen von Weise), dürfte genau der Blick auf den Lac sein, den Hölderlin und Susette Gontard genossen und in ihren Herzen bewahrt haben.

Mit gelben Birnen hänget
Und voll mit wilden Rosen
Das Land in den See,
Ihr holden Schwäne;
Und trunken von Küssen
Tunkt ihr das Haupt
Ins heilig nüchterne Wasser.

Weh mir, wo nehm' ich, wenn
Es Winter ist, die Blumen, und wo
Den Sonnenschein
Und Schatten der Erde?
Die Mauern stehn
Sprachlos und kalt, im Winde
Klirren die Fahnen.

Das Jahr 1796 kann insgesamt als Schicksalsjahr der beiden bezeichnet werden. Auf die hohe Zeit des gefunden Glücks wird Hölderlin dichterisch noch viele Jahre zurückgreifen können. Bezeichnender Weise entstehen in dieser Zeit jedoch kaum neue Arbeiten, bis auf seinen »Hyperion«-Roman, an dem er wieder weiterzuarbeiten beginnt. Selbst im Februar des nachfolgenden Jahres scheint das Glück noch gänzlich ungetrübt. Und so schreibt er an seinen Freund Neuffer: »Noch immer bin ich glücklich, wie im ersten Moment. Es ist eine ewige fröhliche heilig Freundschaft mit einem Wesen, das sich recht in diß arme geist- u. ordnungslose Jahrhundert verirrt hat! Mein Schönheitssinn ist nun vor Störung sicher. Er orientiert sich ewig an diesem Madonnenkopfe. Mein Verstand geht in die Schule bei ihr; und mein uneinig Gemüth besänftiget, erheitert sich täglich in ihrem genügsamen Frieden. Ich sage Dir, lieber Neuffer! Ich bin auf dem Wege, ein recht guter Knabe zu werden. Und was mich sonst betrift, so bin ich auch ein wenig mit mir zufriedner. Ich dichte wenig und philosophire beinahe gar nicht mehr. Aber was ich dichte, hat mehr Leben und Form, meine Phantasie ist williger, die Gestalten der Welt in sich aufzunehmen, mein Herz ist voll von Lust; und wenn das heilige Schicksal mir mein glücklich Leben erhält, so hoff' ich künftig mehr zu thun, als bisher.« Hölderlin vermeidet dabei bewusst den Namen Susette Gontard, um das innig selige Band mit ihr nicht zu entzaubern. Und doch legt er seinem Brief ein »Gedicht an Sie« mit bei, von dem es zahlreiche Fassungen geben wird; die letzte Fassung ist:

> Diotima! Edles Leben!
> Schwester, heilig mir verwandt!
> Eh' ich dir die Hand gegeben,
> Hab' ich ferne dich gekannt.

In den zwölf nachfolgenden großen Arbeiten Hölderlins aus den Jahren 1797 bis 1803 finden sich immer wieder klare und versteckte Bezüge zu seiner Diotima und der gemeinsamen glücklichen Zeit, die sich noch bis ins Jahr 1797 fortsetzen wird und erst 1798 ihr Ende findet. Über den Verlauf des Geschehens und das sich ereignende Schicksal der beiden Liebenden wird im Nachwort dieser Ausgabe noch einmal eingegangen.

Wem ſonſt
als
Dir.

Widmung des zweiten Bandes von »Hyperion« für Susette Gontard.

## Da ich ein Knabe war ...

Da ich ein Knabe war,
  Rettet' ein Gott mich oft
    Vom Geschrei und der Rute der Menschen,
    Da spielt ich sicher und gut
      Mit den Blumen des Hains,
      Und die Lüftchen des Himmels
      Spielten mit mir.

Und wie du das Herz
Der Pflanzen erfreust,
Wenn sie entgegen dir
Die zarten Arme strecken,

So hast du mein Herz erfreut,
Vater Helios! und, wie Endymion,
War ich dein Liebling,
Heilige Luna!

O all ihr treuen
Freundlichen Götter!
Daß ihr wüßtet,
Wie euch meine Seele geliebt!

Zwar damals rief ich noch nicht
Euch mit Namen, auch ihr
Nanntet mich nie, wie die Menschen sich nennen,
Als kennten sie sich.

Doch kannt ich euch besser,
Als ich je die Menschen gekannt,
Ich verstand die Stille des Aethers,
Der Menschen Worte verstand ich nie.

Mich erzog der Wohllaut
Des säuselnden Hains
Und lieben lernt ich
Unter den Blumen.

Im Arme der Götter wuchs ich groß.

## HYPERIONS SCHICKSALSLIED

Ihr wandelt droben im Licht
Auf weichem Boden, selige Genien!
  Glänzende Götterlüfte
    Rühren euch leicht,
      Wie die Finger der Künstlerin
      Heilige Saiten.

Schicksallos, wie der schlafende
Säugling, atmen die Himmlischen;
  Keusch bewahrt
    In bescheidener Knospe,
      Blühet ewig
        Ihnen der Geist,
          Und die seligen Augen
          Blicken in stiller
          Ewiger Klarheit.

Doch uns ist gegeben,
  Auf keiner Stätte zu ruhn,
  Es schwinden, es fallen
    Die leidenden Menschen
      Blindlings von einer
        Stunde zur andern,
          Wie Wasser von Klippe
          Zu Klippe geworfen,
            Jahr lang ins Ungewisse hinab.

GÖTTER WANDELTEN EINST ...

Götter wandelten einst bei Menschen, die herrlichen Musen
    Und der Jüngling, Apoll, heilend, begeisternd wie du.
Und du bist mir, wie sie, als hätte der Seligen Einer
    Mich ins Leben gesandt, geh ich, es wandelt das Bild
Meiner Heldin mit mir, wo ich duld und bilde, mit Liebe
    Bis in den Tod, denn dies lernt ich und hab ich von ihr.

Laß uns leben, o du, mit der ich leide, mit der ich
    Innig und glaubig und treu ringe nach schönerer Zeit.
Sind doch wirs! und wüßten sie noch in kommenden Jahren
    Von uns beiden, wenn einst wieder der Genius gilt,
Sprächen sie: es schufen sich einst die Einsamen liebend
    Nur von Göttern gekannt ihre geheimere Welt.
Denn die Sterbliches nur besorgt, es empfängt sie die Erde,
    Aber näher zum Licht wandern, zum Aether hinauf
Sie, die inniger Liebe treu, und göttlichem Geiste
    Hoffend und duldend und still über das Schicksal gesiegt.

## MENSCHENBEIFALL

Ist nicht heilig mein Herz, schöneren Lebens voll,
 Seit ich liebe? warum achtetet ihr mich mehr,
  Da ich stolzer und wilder,
   Wortereicher und leerer war?

Ach! der Menge gefällt, was auf den Marktplatz taugt,
 Und es ehret der Knecht nur den Gewaltsamen;
  An das Göttliche glauben
   Die allein, die es selber sind.

TRÄNEN

Himmlische Liebe! zärtliche! wenn ich dein
  Vergäße, wenn ich, o ihr geschicklichen,
    Ihr feurgen, die voll Asche sind und
      Wüst und vereinsamet ohnedies schon,

Ihr lieben Inseln, Augen der Wunderwelt!
  Ihr nämlich geht nun einzig allein mich an,
    Ihr Ufer, wo die abgöttische
      Büßet, doch Himmlischen nur, die Liebe.

Denn allzudankbar haben die Heiligen
  Gedienet dort in Tagen der Schönheit und
    Die zorngen Helden; und viel Bäume
      Sind, und die Städte daselbst gestanden,

Sichtbar, gleich einem sinnigen Mann; itzt sind
  Die Helden tot, die Inseln der Liebe sind
    Entstellt fast. So muß übervorteilt,
      Albern doch überall sein die Liebe.

Ihr weichen Tränen, löschet das Augenlicht
  Mir aber nicht ganz aus; ein Gedächtnis doch,
    Damit ich edel sterbe, laßt ihr
      Trügrischen, Diebischen, mir nachleben.

## Die Entschlafenen

Einen vergänglichen Tag lebt ich und wuchs mit den
                                                  Meinen,
   Eins ums andere schon schläft mir und fliehet dahin.
Doch ihr Schlafenden wacht am Herzen mir, in verwandter
   Seele ruhet von euch mir das entfliehende Bild.
Und lebendiger lebt ihr dort, wo des göttlichen Geistes
   Freude die Alternden all, alle die Toten verjüngt.

## DIOTIMA

Du schweigst und duldest, denn sie verstehn dich nicht,
 Du edles Leben! siehest zur Erd und schweigst
  Am schönen Tag, denn ach! umsonst nur
   Suchst du die Deinen im Sonnenlichte,

Die Königlichen, welche, wie Brüder doch,
 Wie eines Hains gesellige Gipfel sonst
  Der Lieb und Heimat sich und ihres
   Immerumfangenden Himmels freuten,

Des Ursprungs noch in tönender Brust gedenk;
 Die Dankbarn, sie, sie mein ich, die einzigtreu
  Bis in den Tartarus hinab die Freude
   Brachten, die Freien, die Göttermenschen,

Die zärtlichgroßen Seelen, die nimmer sind;
 Denn sie beweint, solange das Trauerjahr
  Schon dauert, von den vorgen Sternen
   Täglich gemahnet, das Herz noch immer

Und diese Totenklage, sie ruht nicht aus.
 Die Zeit doch heilt. Die Himmlischen sind jetzt stark,
  Sind schnell. Nimmt denn nicht schon ihr altes
   Freudiges Recht die Natur sich wieder?

Sieh! eh noch unser Hügel, o Liebe, sinkt,
 Geschiehts, und ja! noch siehet mein sterblich Lied
  Den Tag, der, Diotima! nächst den
   Göttern mit Helden dich nennt, und dir gleicht.

## Der blinde Sänger

> Ελυσεν αινον αχος απ' ομματων Αρης
> Sophokles

Wo bist du, Jugendliches! das immer mich
　Zur Stunde weckt des Morgens, wo bist du, Licht!
　　Das Herz ist wach, doch bannt und hält in
　　　Heiligem Zauber die Nacht mich immer.

Sonst lauscht ich um die Dämmerung gern, sonst harrt
　Ich gerne dein am Hügel, und nie umsonst!
　　Nie täuschten mich, du Holdes, deine
　　　Boten, die Lüfte, denn immer kamst du,

Kamst allbeseligend den gewohnten Pfad
　Herein in deiner Schöne, wo bist du, Licht!
　　Das Herz ist wieder wach, doch bannt und
　　　Hemmt die unendliche Nacht mich immer.

Mir grünten sonst die Lauben; es leuchteten
　Die Blumen, wie die eigenen Augen, mir;
　　Nicht ferne war das Angesicht der
　　　Meinen und leuchtete mir und droben

Und um die Wälder sah ich die Fittige
　Des Himmels wandern, da ich ein Jüngling war;
　　Nun sitz ich still allein, von einer
　　　Stunde zur anderen, und Gestalten

Aus Lieb und Leid der helleren Tage schafft
  Zur eignen Freude nun mein Gedanke sich,
    Und ferne lausch ich hin, ob nicht ein
      Freundlicher Retter vielleicht mir komme.

Dann hör ich oft die Stimme des Donnerers
  Am Mittag, wenn der eherne nahe kommt,
    Wenn ihm das Haus bebt und der Boden
      Unter ihm dröhnt und der Berg es nachhallt.

Den Retter hör ich dann in der Nacht, ich hör
  Ihn tötend, den Befreier, belebend ihn,
    Den Donnerer vom Untergang zum
      Orient eilen und ihm nach tönt ihr,

Ihm nach, ihr meine Saiten! es lebt mit ihm
  Mein Lied und wie die Quelle dem Strome folgt,
    Wohin er denkt, so muß ich fort und
      Folge dem Sicheren auf der Irrbahn.

Wohin? wohin? ich höre dich da und dort,
  Du Herrlicher! und rings um die Erde tönts.
    Wo endest du? und was, was ist es
      Über den Wolken und o wie wird mir?

Tag! Tag! du über stürzenden Wolken! sei
  Willkommen mir! es blühet mein Auge dir.
    O Jugendlicht! o Glück! das alte
      Wieder! doch geistiger rinnst du nieder,

Du goldner Quell aus heiligem Kelch! und du,
Du grüner Boden, friedliche Wieg! und du,
  Haus meiner Väter! und ihr Lieben,
    Die mir begegneten einst, o nahet,

O kommt, daß euer, euer die Freude sei,
Ihr alle, daß euch segne der Sehende!
  O nimmt, daß ichs ertrage, mir das
    Leben, das Göttliche mir vom Herzen.

## MENONS KLAGEN UM DIOTIMA

Täglich geh ich heraus, und such ein Anderes immer,
  Habe längst sie befragt, alle die Pfade des Lands;
Droben die kühlenden Höhn, die Schatten alle besuch ich,
  Und die Quellen; hinauf irret der Geist und hinab,
Ruh erbittend; so flieht das getroffene Wild in die Wälder,
  Wo es um Mittag sonst sicher im Dunkel geruht;
Aber nimmer erquickt sein grünes Lager das Herz ihm,
  Jammernd und schlummerlos treibt es der Stachel umher.
Nicht die Wärme des Lichts, und nicht die Kühle der Nacht hilft,
  Und in Wogen des Stroms taucht es die Wunden umsonst.
Und wie ihm vergebens die Erd ihr fröhliches Heilkraut
  Reicht, und das gärende Blut keiner der Zephyre stillt,
So, ihr Lieben! auch mir, so will es scheinen, und niemand
  Kann von der Stirne mir nehmen den traurigen Traum?

2

Ja! es frommet auch nicht, ihr Todesgötter! wenn einmal
  Ihr ihn haltet, und fest habt den bezwungenen Mann,
Wenn ihr Bösen hinab in die schaurige Nacht ihn genommen,
  Dann zu suchen, zu flehn, oder zu zürnen mit euch,
Oder geduldig auch wohl im furchtsamen Banne zu wohnen,
  Und mit Lächeln von euch hören das nüchterne Lied.
Soll es sein, so vergiß dein Heil, und schlummere klanglos!
  Aber doch quillt ein Laut hoffend im Busen dir auf,
Immer kannst du noch nicht, o meine Seele! noch kannst dus
  Nicht gewohnen, und träumst mitten im eisernen Schlaf!

Festzeit hab ich nicht, doch möcht ich die Locke bekränzen;
  Bin ich allein denn nicht? aber ein Freundliches muß
Fernher nahe mir sein, und lächeln muß ich und staunen,
  Wie so selig doch auch mitten im Leide mir ist.

3

Licht der Liebe! scheinest du denn auch Toten, du goldnes!
  Bilder aus hellerer Zeit, leuchtet ihr mir in der Nacht?
Liebliche Gärten seid, ihr abendrötlichen Berge,
  Seid willkommen und ihr, schweigende Pfade des Hains,
Zeugen himmlischen Glücks, und ihr, hochschauende Sterne,
  Die mir damals so oft segnende Blicke gegönnt!
Euch, ihr Liebenden auch, ihr schönen Kinder des Maitags,
  Stille Rosen und euch, Lilien, nenn ich noch oft!
Wohl gehn Frühlinge fort, ein Jahr verdränget das andre,
  Wechselnd und streitend, so tost droben vorüber die Zeit
Über sterblichem Haupt, doch nicht vor seligen Augen,
  Und den Liebenden ist anderes Leben geschenkt.
Denn sie alle, die Tag und Jahre der Sterne, sie waren
  Diotima! um uns innig und ewig vereint;

4

Aber wir, zufrieden gesellt, wie die liebenden Schwäne,
  Wenn sie ruhen am See, oder, auf Wellen gewiegt,
Niedersehn in die Wasser, wo silberne Wolken sich spiegeln,

Und ätherisches Blau unter den Schiffenden wallt,
So auf Erden wandelten wir. Und drohte der Nord auch,
   Er, der Liebenden Feind, klagenbereitend, und fiel
Von den Ästen das Laub, und flog im Winde der Regen,
   Ruhig lächelten wir, fühlten den eigenen Gott
Unter trautem Gespräch; in Einem Seelengesange,
   Ganz in Frieden mit uns kindlich und freudig allein.
Aber das Haus ist öde mir nun, und sie haben mein Auge
   Mir genommen, auch mich hab ich verloren mit ihr.
Darum irr ich umher, und wohl, wie die Schatten, so muß ich
   Leben, und sinnlos dünkt lange das Übrige mir.

5

Feiern möcht ich; aber wofür? und singen mit Andern,
   Aber so einsam fehlt jegliches Göttliche mir.
Dies ists, dies mein Gebrechen, ich weiß, es lähmet ein Fluch mir
   Darum die Sehnen, und wirft, wo ich beginne, mich hin,
Daß ich fühllos sitze den Tag, und stumm wie die Kinder,
   Nur vom Auge mir kalt öfters die Träne noch schleicht,
Und die Pflanze des Felds, und der Vögel Singen mich trüb macht,
   Weil mit Freuden auch sie Boten des Himmlischen sind,
Aber mir in schaudernder Brust die beseelende Sonne,
   Kühl und fruchtlos mir dämmert, wie Strahlen der Nacht,
Ach! und nichtig und leer, wie Gefängniswände, der Himmel
   Eine beugende Last über dem Haupte mir hängt!

6

Sonst mir anders bekannt! o Jugend, und bringen Gebete
  Dich nicht wieder, dich nie? führet kein Pfad mich zurück?
Soll es werden auch mir, wie den Götterlosen, die vormals
  Glänzenden Auges doch auch saßen an seligem Tisch,
Aber übersättiget bald, die schwärmenden Gäste,
  Nun verstummet, und nun, unter der Lüfte Gesang,
Unter blühender Erd entschlafen sind, bis dereinst sie
  Eines Wunders Gewalt, sie, die Versunkenen, zwingt,
Wiederzukehren, und neu auf grünendem Boden zu wandeln. –
  Heiliger Othem durchströmt göttlich die lichte Gestalt,
Wenn das Fest sich beseelt, und Fluten der Liebe sich regen,
  Und vom Himmel getränkt, rauscht der lebendige Strom,
Wenn es drunten ertönt, und ihre Schätze die Nacht zollt,
  Und aus Bächen herauf glänzt das begrabene Gold. –


7

Aber o du, die schon am Scheideweg mir damals,
  Da ich versank vor dir, tröstend ein Schöneres wies,
Du, die Großes zu sehn, und froher die Götter zu singen,
  Schweigend, wie sie, mich einst stille begeisternd gelehrt;
Götterkind! erscheinest du mir, und grüßest, wie einst, mich,
  Redest wieder, wie einst, höhere Dinge mir zu?
Siehe! weinen vor dir, und klagen muß ich, wenn schon noch,
  Denkend edlerer Zeit, dessen die Seele sich schämt.
Denn so lange, so lang auf matten Pfaden der Erde

Hab ich, deiner gewohnt, dich in der Irre gesucht,
Freudiger Schutzgeist! aber umsonst, und Jahre zerrannen,
  Seit wir ahnend um uns glänzen die Abende sahn.

## 8

Dich nur, dich erhält dein Licht, o Heldin! im Lichte,
  Und dein Dulden erhält liebend, o Gütige, dich;
Und nicht einmal bist du allein; Gespielen genug sind,
  Wo du blühest und ruhst unter den Rosen des Jahrs;
Und der Vater, er selbst, durch sanftumatmende Musen
  Sendet die zärtlichen Wiegengesänge dir zu.
Ja! noch ist sie es ganz! noch schwebt vom Haupte zur Sohle,
  Stillherwandelnd, wie sonst, mir die Athenerin vor.
Und wie, freundlicher Geist! von heitersinnender Stirne
  Segnend und sicher dein Strahl unter die Sterblichen fällt,
So bezeugest du mirs, und sagst mirs, daß ich es andern
  Wiedersage, denn auch andere glauben es nicht,
Daß unsterblicher doch, denn Sorg und Zürnen, die Freude
  Und ein goldener Tag täglich am Ende noch ist.

## 9

So will ich, ihr Himmlischen! denn auch danken, und endlich
  Atmet aus leichter Brust wieder des Sängers Gebet.
Und wie, wenn ich mit ihr, auf sonniger Höhe mit ihr stand,
  Spricht belebend ein Gott innen vom Tempel mich an.

Leben will ich denn auch! schon grünts! wie von heiliger Leier
   Ruft es von silbernen Bergen Apollons voran!
Komm! es war wie ein Traum! Die blutenden Fittige sind ja
   Schon genesen, verjüngt leben die Hoffnungen all.
Großes zu finden, ist viel, ist viel noch übrig, und wer so
   Liebte, gehet, er muß, gehet zu Göttern die Bahn.
Und geleitet ihr uns, ihr Weihestunden! ihr ernsten,
   Jugendlichen! O bleibt, heilige Ahnungen, ihr
Fromme Bitten! und ihr Begeisterungen und all ihr
   Guten Genien, die gerne bei Liebenden sind;
Bleibt so lange mit uns, bis wir auf gemeinsamem Boden
   Dort, wo die Seligen all niederzukehren bereit,
Dort, wo die Adler sind, die Gestirne, die Boten des Vaters,
   Dort, wo die Musen, woher Helden und Liebende sind,
Dort uns, oder auch hier, auf tauender Insel begegnen,
   Wo die Unsrigen erst, blühend in Gärten gesellt,
Wo die Gesänge wahr, und länger die Frühlinge schön sind,
   Und von neuem ein Jahr unserer Seele beginnt.

ERMUNTERUNG

Echo des Himmels! heiliges Herz! warum,
    Warum verstummst du unter den Lebenden,
        Schläfst, freies! von den Götterlosen
            Ewig hinab in die Nacht verwiesen?

Wacht denn, wie vormals, nimmer des Aethers Licht?
    Und blüht die alte Mutter, die Erde nicht?
        Und übt der Geist nicht da und dort, nicht
            Lächelnd die Liebe das Recht noch immer?

Nur du nicht mehr! doch mahnen die Himmlischen,
    Und stillebildend weht, wie ein kahl Gefild,
        Der Othem der Natur dich an, der
            Alleserheiternde, seelenvolle.

O Hoffnung! bald, bald singen die Haine nicht
    Des Lebens Lob allein, denn es ist die Zeit,
        Daß aus der Menschen Munde sie, die
            Schönere Seele, sich neuverkündet,

Dann liebender im Bunde mit Sterblichen
    Das Element sich bildet, und dann erst reich,
        Bei frommer Kinder Dank, der Erde
            Brust, die unendliche, sich entfaltet

Und unsre Tage wieder, wie Blumen, sind,
  Wo sie, des Himmels Sonne, sich ausgeteilt
    Im stillen Wechsel sieht und wieder
      Froh in den Frohen das Licht sich findet,

Und er, der sprachlos waltet und unbekannt
  Zukünftiges bereitet, der Gott, der Geist
    Im Menschenwort, am schönen Tage
      Kommenden Jahren, wie einst, sich ausspricht.

AN DIE PARZEN

Nur Einen Sommer gönnt, ihr Gewaltigen!
  Und einen Herbst zu reifem Gesange mir,
    Daß williger mein Herz, vom süßen
      Spiele gesättiget, dann mir sterbe.

Die Seele, der im Leben ihr göttlich Recht
  Nicht ward, sie ruht auch drunten im Orkus nicht;
    Doch ist mir einst das Heilge, das am
      Herzen mir liegt, das Gedicht, gelungen,

Willkommen dann, o Stille der Schattenwelt!
  Zufrieden bin ich, wenn auch mein Saitenspiel
    Mich nicht hinab geleitet; Einmal
      Lebt ich, wie Götter, und mehr bedarfs nicht.

Die Rose

holde Schwester !

Wo nehm ich, wenn es Winter ist

Die Blumen, daß ich Kränze den Himmlischen winde ?

Dann wird es seyn, als wüßt ich nimmer vom Göttlichen,

Denn von mir sei gewichen des Lebens Geist;

Wenn ich den Himmlischen die Liebeszeichen

Die Blumen im kahlen Felde suche und Dich nicht finde.

INHALT UND ERLÄUTERUNGEN

14 DA ICH EIN KNABE WAR …
Das handschriftliche Original des Gedichts ist ohne Titel überliefert – vermutlich stammt es aus den Jahren 1797 – 1798. Endymion – der griechischen Sage nach ›der schöne geliebte Hirte, der allnächtlich von der Göttin des Mondes Selene (lat. Luna) besucht wird, wenn er schläft‹.

16 HYPERIONS SCHICKSALSLIED
Diese freirhythmischen Verse, die Hölderlin wie so oft treppenförmig einrückt, sind nicht genau datierbar und nur durch den zweiten Band des Hyperion (1799 erschienen) überliefert, in dem das Schicksalslied erschien – am tiefsten Punkt in Hyperions Leben sozusagen offenbart sich seine Weltsicht über die Gottheit und das Menschsein.

17 GÖTTER WANDELTEN EINST …
Entstanden im März oder April 1799, vermutlich als Teil einer geplanten, aber nicht belegten größeren Elegie. Angeredet werden Diotima, die große Liebende (meine Heldin) – und Apoll als Gott der Heilkunst – und der dichterischen Inspiration.

18 MENSCHENBEIFALL
Zwischen Juni und August 1798 schickt Hölderlin eine Reihe von 18 Kurzgedichten an seinen Freund Christian Ludwig Neuffer – darunter auch ›Menschenbeifall‹. Die Veröffentlichung in Neuffers ›Taschenbuch auf das Jahr

1799‹ brachten Hölderlin erste bedeutende Anerkennungen eines angesehenen Literaturkritikers.

19 TRÄNEN
Das Gedicht zählt zu der Gruppe der ›Nachtgesänge‹ und ist vermutlich zwischen 1802 und 1803 entstanden. Erstmals veröffentlicht im Jahr 1804 bei Friedrich Wilmans, Frankfurt am Mayn im ›Taschenbuch für das Jahr 1805, der Liebe und Freundschaft gewidmet‹.
(Alkäisches Versmaß)

20 DIE ENTSCHLAFENEN
Das Gedicht entstand im Herbst 1800 im Haus von Hölderlins Freund Christian Landauer – angeregt durch den Tod seines Bruders Christoph Friedrich Landauer am 6. Juni und seines Vaters am 21. August.

21 DIOTIMA
Hölderlins Bewunderung und Liebe galt den Helden und Liebenden (die ›zärtlichgroßen Seelen‹). Er heroisierte große liebende Frauen und pries die Heroen, die Halbgötter und somit ›Göttermenschen‹ waren und dadurch den Göttern besonders nahe standen –, bis heute trägt ein Großteil des Sternenhimmels noch immer die Namen jener griechischen Helden.
Datiert auf den Sommer 1800.
(Alkäisches Versmaß)

13 DER BLINDE SÄNGER
   Im Sommer 1801 soll diese seit längerer Zeit geplante Ode entstanden sein. Aus diesem dreizehnstrophigen Gedicht geht deutlich Hölderlins erkenntnishafte innere Entwicklung hervor. Das Sophokles-Zitat stammt aus der Tragödie ›Aias‹ und bedeutet in der Übertragung Hölderlins: »Gelöst hat den grausamen Kummer von den Augen Ares«.

16 MENONS KLAGEN UM DIOTIMA –
   Das von Hölderlin selbst als ›Elegie‹ bezeichnete Gedicht gliedert sich in neun numerierte Abschnitte zu 14,14,14,14, 12, 14, 12, 14, 22 Verszeilen und ist aus der zwischen Herbst 1799 und Sommer 1800 entstandenen Liebes- ›Elegie‹ hervorgegangen. Griechisch Menon heißt ›der Bleibende‹, was im Zusammenhang der Liebeserinnerung von ewig Bleibendem zu sehen ist.

22 ERMUNTERUNG
   Die um die Jahrhundertwende 1799/1800 verfasste Ode ist in mehreren Handschriften überliefert. Auch hier hat Hölderlin jenes ›Alkäische Versmaß‹ verwandt –, benannt nach Alkaios, einem griechischen Lyriker aus Lesbos, 600 v.Chr. –
   Das Schema des Versmaßes:  ∪ – ∪ – ∪ – ∪ ∪ – ∪ –
                                ∪ – ∪ – ∪ – ∪ ∪ – ∪ –
                                ∪ – ∪ – ∪ – ∪ – ∪
                                – ∪ ∪ – ∪ ∪ – ∪ – ∪

33 AN DIE PARZEN
   Aus einem Brief an Hölderlins Mutter, Ende März 1799, geht
hervor, daß er an einer Ode ›an die Parzen‹ arbeite – Lachesis,
Klotho und Anthropos, jene Schicksalsgöttinnen, die das
Lebenslos der Menschen bestimmen und zeitigen – doch, das, was
sie ihm vorenthielten,» ... ruht auch drunten im Orkus nicht«;
Orkus, griechisch für Unterwelt.

34 DIE ROSE
   Das Gedicht gehört mit den Gedichten ›Die Schwäne‹ und ›Der
Hirsch‹ zu den drei Oden-Entwürfen, die nebeneinander auf
einem Blatt im Juni 1800 verfaßt worden sind.
   Aus ›Die Rose‹, ›Die Schwäne‹ und ›Die letzte Stunde‹* soll
später das 1805 veröffentlichte Gedicht ›HÄLFTE DES LEBENS‹
hervorgegangen sein.

   *und trunken von Küssen
   taucht ihr das Haupt ins
   heilignüchterne kühle
   Gewässer.

## » ... WENN EINST WIEDER DER GENIUS GILT «

### NACHWORT
### VON REINHART MORITZEN

In alter Zeit der edlen Diotima
Durch geistigen Gesang es gelang
Den Verstand des Menschen und den Lauf
von Schwabens Wassern zu ändern
Auf daß Liebende hier seien und dort

Von zwei Sternen und doch nur ein einziges Los

Odysseas Elytis,
Eros und Psyche, 1991

Wenn von den Malereien Raphaels gesagt worden ist, es handle sich bei ihnen um die »reinen platonischen Bilder hinter jenen irdischen Bildern, die gewöhnliche Sterbliche normalerweise vor sich sehen«[1], dann trifft dieses nicht weniger auf einen Großteil der Dichtungen von Friedrich Hölderlin (1770-1843) zu, seine Anrufungen der höchsten Wesenheiten, sein Gespräch mit den Himmlischen, in deren Armen er aufwuchs und die er besser als die Menschen gekannt hat. Aus diesen Sphären findet er die Formung und Mitteilung seiner Poesie. Hier spricht in völliger Unbeirrbarkeit, mit ganzer Entschiedenheit, aus der Schönheit, aber auch der Härte und Forderung einer höheren Welt selbst der Genius der Poesie. Der Dichter: als ›Mund des Göttlichen‹, wie das Wort ›Poesie‹, aus dem Phönizischen stammend, ursprünglich gedeutet worden ist. Auf neue Weise und oftmals mit einer überwältigenden Kühnheit der Sprache ereignet sich hier ein solcher Weltenzusammenhang:

Und er, der sprachlos waltet und unbekannt
　Zukünftiges bereitet, der Gott, der Geist
　　Im Menschenwort, am schönen Tage
　　　Kommenden Jahren, wie einst, sich ausspricht
　　　　　　　　　　　　　　　　　(Ermunterung)

Urbilder des Menschen, des Lebens wie der Natur erscheinen in der Konfrontation mit einer Welt, die ein solches höheres Gespräch nicht zulassen will und dem Dichter und seiner Sprache verständnislos und feindlich entgegensteht. So muß der Genius auf der Ebene der gesellschaftlichen, bürgerlichen Welt das Zerschlagenwerden des Trägers dieses Geistes erleben.

Die für diese Veröffentlichung ausgewählten zwölf Gedichte, als konzentrierte Begegnung mit dem Dichter gedacht, umfassen den kurzen Zeitraum von 1797 bis 1803 – das ist die hohe Zeit der großen Arbeiten, vor allem während der zunächst hoffnungsvollen, dann tragisch verlaufenden Begegnung des Dichters mit Susette Gontard (1769-1802), der Diotima seines Lebens und seiner Dichtungen, der erzwungenen Trennung von der Geliebten, ihres frühen Todes und des Zusammenbruchs seines Lebens. Erneut ereignet sich ein orphisches Schicksal.

Jahre zuvor, an einem Abend im Mai 1795, war Hölderlin in Jena im Hause des Professors für Philosophie Niethammer im Beisein von Johann Gottlieb Fichte dem jüngeren Novalis begegnet – wahrscheinlich das einzige Zusammentreffen dieser beiden Dichter. Viel sei in jenen Stunden über Religion und Offenbarung gesprochen worden, und für die Philosophie würden noch viele Fragen offen bleiben. Novalis war ein halbes Jahr zuvor der jungen Sophie von Kühn begegnet; im März 1795 hatten sie sich verlobt, doch schon zwei Jahre später stirbt die Braut. Die nachfolgende machtvolle Entfaltung seiner Poesie steht für Novalis vor allem im Zusammenhang mit seinem Bemühen, der geistigen Gestalt der Geliebten wiederzubegegnen. Wenige Jahre später, im März 1801, stirbt Novalis in seinem 29. Lebensjahr. Ein orphisches Schicksal ereignet sich auch hier.

Ende des Jahres 1795 lernt Hölderlin in Frankfurt die Bankiersfamilie Gontard kennen und erhält Anfang des folgenden Jahres dort eine Anstellung als Hauslehrer für die vier Kinder. Zwischen Hölderlin und Gontards Gemahlin Susette entfaltet sich eine tiefgründige Zuneigung und Liebe. Um die Familie vor einem drohenden Krieg mit Frankreich in Sicherheit zu bringen, schickt Gontard seine Angehörigen in Begleitung Hölderlins fort. Im Juli und August 1796 befinden sie sich für mehrere Wochen in Kassel. Ein besonderes Erlebnis wird für Hölderlin und Susette Gontard der Besuch des Schlossparks Weißenstein (heute Wilhelmshöhe). Dieses große als Mysterienpark angelegte Gebiet ist auch für die Liebenden Vertiefung und Erhebung ihrer Verbundenheit, eine hohe Zeit, in der ihre Liebe, die Poesie und das Erlebnis der Natur in einem Einklang stehen – wie in Zeitlosigkeit durch die tiefsinnigen Gestaltungen des Ortes wandelnd, die Auf- und Abstiege, die Waldstücke mit ihrer Frieden gebenden Geborgenheit, die begleitenden erfrischenden Wasserläufe, die große prägende Ordnung des Parks, verbunden mit einer Vergegenwärtigung der Welt der Antike und ihrer Mythologie – und dazu die weiten Ausblicke, die nur in der Ferne sanft von Hügeln und Bergen begrenzt werden. Aber den Liebenden ist nur eine kurze Zeit vergönnt, ihre Zuneigung als sommerliche blütenreiche Entfaltung zu erleben – innerhalb einer Kriegsbedrohung und der Bedrängung durch bestehende gesellschaftliche Verhältnisse, aus denen sie sich nicht werden befreien können. Möglich sind »glückliche Tage« und »goldene Spaziergänge«. Im Park besuchen sie den als »Lac« bezeichneten künstlich angelegten Bergsee mit seinen Schwänen und einer Roseninsel. Im Gedicht wie »Hälfte des Lebens« finden sich diese Erlebnisse wieder. Die Flucht, die bis nach Bad Driburg führt, setzt sich noch bis in den Oktober fort, ehe sie dann wieder nach Frankfurt zurückkehren können. In diese Zeit fällt auch die Todesnachricht von Hölderlins väterlichem Freund Gotthold Stäudlin, auch er ein Fremdling seiner Zeit, der sich im Rhein ertränkt hat. Während der Entstehung des Hyperion-Romans hatte er Hölderlin wichtige Anregungen gegeben. So riet er ihm, »versteckte Stellen über den Geist der Zeit in dieses Werk einzuschalten«.

1797 und 1799 erscheinen die beiden Bände des Hyperion. Wie überaus bescheiden von sich und seinen Fähigkeiten und mit welchen hohen Ansprüchen Hölderlin im Hinblick auf die Poesie gedacht hat, zeigt ein Brief, den er am 11. Dezember 1798 an Ludwig Neuffer schreibt: »Das Lebendige in der Poesie ist jetzt dasjenige, was am meisten meine Gedanken und Sinne beschäftigt. Ich fühle so tief, wie weit ich noch davon bin, es zu treffen, und dennoch ringt meine ganze Seele danach und es ergreift mich oft, daß ich weinen muß, wie ein Kind, wenn ich um und um fühle, wie es meinen Darstellungen an einem und dem anderen fehlt, und ich doch aus den poetischen Irren, in denen ich herumwandle, mich nicht herauswinden kann. Ach! die Welt hat meinen Geist von früher Jugend an in sich zurückgescheucht und daran leid' ich noch immer. Es gibt zwar ein Hospital, wohin sich jeder auf meine Art verunglückte Poet mit Ehren flüchten kann – die Philosophie. Aber ich kann von meiner ersten Liebe, von den Hoffnungen meiner Jugend nicht lassen, und ich will lieber verdienstlos untergehen, als mich trennen von der süßen Heimat der Musen, aus der mich bloß der Zufall verschlagen hat.«

Im September 1798 kommt es mit dem Bankier Gontard zu Auseinandersetzungen, Hölderlin muß seine Stellung aufgeben und das Haus verlassen. Im Mai 1800 sieht er Susette zum letzten Mal. Mehrere Versuche, einen Beruf auszuüben, mißlingen nach kurzer Zeit. Er unternimmt noch einige Reisen, größtenteils zu Fuß, die ihn bis nach Bordeaux, Frankreich führen.

Im Mai 1802, in seinem 33. Lebensjahr, verläßt Hölderlin Frankreich und kehrt nach Deutschland zurück. Über den Verlauf des Reisewegs gibt es von D.E. Sattler eine genaue Schilderung. Danach ging Hölderlin nicht direkt nach Deutschland, sondern zunächst in die Schweiz, er kam »zur Rapusa- und Rheinschlucht, wo ihn (am 22. Juni) ein Mitwanderer niederschlug und beraubte. (...) Dies geschah unter dem letzten Ausläufer des Rheinwalds, dem Hügel Scardanal, unweit des Zusammenflusses von Rhein Anteriur und Posteriur.«[2]

Anfang Juli trifft er in »bedenklicher geistiger Verfassung«, wie es heißt, in Stuttgart und Nürtingen ein.

Kurz zuvor war in Frankfurt am 22. Juni Susette Gontard verstorben.

Später unterzeichnete der erkrankte Hölderlin seine Gedichte oftmals mit dem Namen ›Scardanelli‹ – nannte sich nach jenem Ort, an dem er niedergeschlagen und beraubt worden ist, d.h. an jenem Tag geschah ein doppeltes Unglück: der Überfall auf ihn und der Tod der fernen Geliebten. Äußerlich und innerlich wurde er niedergeschlagen und beraubt. Scardanelli – ist ein Name für den Tag des großen Unglücks.

In diesem umrissenen Zeitraum ereignen sich über einem höchst gefährdeten Lebensgrund die einzigartigen »Aufblühungen« der Hölderlinschen Dichtungen. Die Rose, die in seinen Gedichten immer wieder zur Erscheinung kommt, »stellt ein Urbild der ringenden, strebenden und schließlich sich selbst überwindenden menschlichen Seele dar«.[3]

So wie zwischen Hölderlin und Novalis hinsichtlich eines orphischen Schicksals Bezüge zu erkennen sind, finden sich auch Zusammenhänge zwischen Hölderlin und den Bilderwelten von Caspar David Friedrich (1774-1840): die große ernste Feier der Natur, der Umherwandernde in seiner Einsamkeit, schließlich das Umfaßtwerden von einer eisigen Todeswelt mit ihren Ruinen und der »Gescheiterten Hoffnung«, dem im Eis gefangenen und zerbrochenen Lebensschiff.

Im Dezember 1800 schreibt Hölderlin an seine Schwester: »Ich habe in mir ein so tiefes dringendes Bedürfnis nach Ruhe und Stille – mehr als Du mir ansehn kannst, und ansehn sollst. (...) Ich kann den Gedanken nicht ertragen, daß auch ich, wie mancher andere, in der kritischen Lebenszeit, wo um unser Inneres her, mehr noch als in unserer Jugend, eine betäubende Unruhe sich häuft, daß ich, um auszukommen, so kalt und allzunüchtern und verschlossen werden soll. Und in der That, ich fühle mich oft, wie Eis, und fühle es nothwendig, so lange ich keine stillere Ruhestätte habe, wo alles was mich angeht, mich weniger nah, und eben deßwegen weniger erschütternd bewegt.«

Als »Blumen auf kahlem Feld« erscheinen seine Dichtungen. Gegen die Verhältnisse und gesellschaftlichen Verhaltensweisen der Zeit hat dieser Genius die höchsten Sprachentfaltungen gesetzt. Aufblühen konnte die Dichtung noch in besonderer Weise, solange das Antlitz der verständnisreichen seelenverwandten Freundin anwesend sein konnte. Äußerlich ereignet sich dann das Scheitern aller Hoffnungen für die Poesie, die Liebe und das Dasein. Dennoch gilt für diesen Genius der Kühnheit: »Sie haben mich oft bedrängt von meiner Jugend an, aber sie haben mich nicht überwältigt.« (Psalm 129)

Seine Zukunftsgewissheit und ungebrochene Geistestätigkeit wird von ihm im Hyperion-Roman ausgesprochen: »Es ist unmöglich, und mein innerstes Leben empört sich, wenn ich denken will, als verlören wir uns. Ich würde Jahrtausende lang die Sterne durchwandern, in alle Formen mich kleiden, in alle Sprachen des Lebens, um dir Einmal wieder zu begegnen. Aber ich denke, was sich gleich ist, findet sich bald.«

In hohen Geistbereichen hat sich der Hölderlinsche Genius bewegt, während er auf einen irdischen Verlauf innerhalb einer für ihn blumenlos gewordenen, kahlen und schließlich vereisten Welt hinabblicken mußte, in der dem Träger dieses Geistes nur wenige Jahre für die poetischen Mitteilungen gegeben waren und der als Erkrankter noch fast vierzig Jahre das ›kahle Feld‹ zu durchleben hatte – eine Passion in einer Epoche, die vor diesem Dichter und seinen Dichtungen nicht bestehen konnte und selbst wie eine gescheiterte Hoffnung, ein zerbrochenes Schiff im Eis erscheint.

›Hölderlin lesend‹ lautet der Titel eines Gemäldes des flämischen Malers Maurice Wyckaert, das 1975 entstanden ist, Nachwirkungen seiner Beschäftigung mit diesen Dichtungen wiedergebend: vor einem goldgelben Hintergrund, einem geistigen Firmament, erscheinen weiße und blaue Blüten, pflanzenhaft zeigt sich der Himmel und himmlisch die Blüten – das Bild einer Verbindung und Durchscheinung von Himmel und Erde.

Hamburg, im Juli 2006

# Quellennachweis

EINFÜHRUNG:

Friedrich Hölderlin: sämtliche Werke und Briefe, In vier Bänden. Hrsg. von Michael Knaupp, Darmstadt: Wissenschaftliche Buchgesellschaft, 1998.

Piere Bertaux: Fiedrich Hölderlin, Frankfurt: Suhrkamp, 1978.

Peter Härtling: Hölderlin, Ein Roman, Köln: Kiepenheuer & Wisch, 1997.

Erich Hock: »dort drüben in Westphalen«, Hölderlins Reise nach Bad Driburg mit Wilhelm Heinse und Susette Gontard, Stuttgart/Weimar: J.B. Metzler, 1995.

Beatrix Langner: Hölderlin und Diotima, Eine Biographie, Frankfurt-Main/Leipzig, 2001.

Dietrich E. Sattler: Friedrich Hölderlin, 144 fliegende Briefe, München, Luchterhand, 1981.

NACHWORT:

[1] Paul Badde, Der lange Sommer Raphaels, Zur Gemälde-Ausstellung des Renaissancemalers in der Galleria Borghese, Rom, Artikel vom 17./18. Juni 2006 in ›DIE WELT‹.

[2] Friedrich Hölderlin, Oden Elegien I, Gesangentwürfe, Band 9, Sämtliche Werke, Briefe und Dokumente, Herausgegeben von D.E. Sattler, Luchterhand 2004, S. 191-192.

3) Diether Rudloff, Hölderlins michaelische Prophetie, Betrachtungen zum Gedicht ›Hälfte des Lebens‹, in ›Die Kommenden‹, Nr. 19, 10. Oktober 1981.

Abbildung (Umschlag): Kupferstich von G.W. Weise nach einer Zeichnung von Johann Heinrich Tischbein sen., 1788: ›Schloss Weißenstein in Cassel, Lac und Roseninsel im Vordergrund‹, das Ensemble, wie es Hölderlin, nur wenige Jahre später, während seines Aufenthalts 1796 in Cassel, vorgefunden haben wird.

Der für diese Ausgabe überarbeitete Einführungstext von Ilona Caroli erschien erstmals im Magazin WILHELM I, Kassel, 2004, unter dem Titel »Mein liebes Cassel«.

## IMPRESSUM

Gestaltung, Satz, Druck u. Bindung entstanden in der AQUINarte buch- & bildwerkstatt in Kassel; gesetzt in der Rialto df Roman / Italic und auf 100g./qm Werkdruckpapier gedruckt; mit einem Kunstdruck auf Japanpapier (Titel: Hölderlins Rosen - © G.Asch); handgebunden; 567-585, im Juni 2022

Die Deutsche Bibliothek verzeichnet diese Publikation in der Deutschen Nationalbibliografie; detaillierte bibliografische Daten sind im Internet unter http://dnb.ddb.de abrufbar

© AQUINarte 2006/2022
Literatur- & Kunstpresse Kassel

Alle Rechte vorbehalten
Manufactured in Germany

ISBN 978-3-933332-51-6